b 48
3449

(Par le M.ᶦˢ de La Gervaisais, d'après
De Manne.)

DU BON DROIT

ET

DU BON SENS

EN FINANCES,

ou

DU PROJET DE REMBOURSEMENT

DES RENTES.

Nec injuriâ, nec beneficio.

PARIS,

CHEZ LES LIBRAIRES DU PALAIS-ROYAL.

AVRIL 1824.

TABLE.

AVANT-PROPOS.

La pensée ministérielle s'est dévoilée par l'organe du *Moniteur*; son article a servi de thême, ou plutôt de cadre.

Nul décorum ne retenait; rien n'empêchait de le dépecer à plaisir, de le dépouiller à nu. On ne s'en est pas gêné.

Faciamus experimentum in animâ vili.

Le discours du ministre est parvenu trop tard pour rien apprendre; assez tôt pour rencontrer une réponse faite d'avance.

On regrette cependant qu'il ne soit pas laissé de temps, pour le reprendre sous œuvre, et pour publier une supplique, adressée aux Chambres.

Mais les instans sont comptés par le ministère, et peut-être pour le ministère; car c'est au milieu des joies et des festins que le doigt d'en haut se laissa apercevoir enfin à Balthazar.

Mane, Thecel, Pharès.

Que nous fallait-il? Quelque pause pour l'exercice de la réflexion, quelque marge aux leçons de l'expérience. Tout nous est refusé.

Les desseins doivent s'achever dans les ténèbres où ils furent conçus : il semblerait que leurs motifs, que leurs auteurs même craignent de s'exposer à la lumière qu'apportent les impassibles heures.

Vainement le législateur ainsi que l'écrivain s'écrient :

...... rends-nous le jour, et combats contre nous.

Le jour éclairait ; le temps accomplissait : et le jour et le temps répugnent également.

Qu'une ou deux années seulement eussent été allouées, c'était assez, c'était tout. Les fins du projet de loi se trouvaient réalisées : la rente s'élevait de 120 à 130, et l'intérêt baissait à 3 ou 4 pour 100.

Et tel est le caractère des œuvres du temps, qu'elles s'opèrent sans injustices et sans infortunes ; qu'elles se consolident à demeure, étant en alliance parfaite avec le mouvement naturel des choses et des esprits.

Or, qui ne veut pas cela ? qui veut tout faire et ne laisser rien à faire ? qui veut tout pour le présent où rien ne se fait qu'à grand' peine, à grand risque ; qui ne veut rien pour l'avenir, où tout se ferait sans soin et sans péril ?

Qui ? un homme, un seul homme.

Que ne se rappelle-t-il donc la haute leçon donnée par les livres saints, le colosse aux pieds d'argile !

Et que la Chambre ne se rappelle-t-elle plutôt encore comment des succès apparens, comment des moyens occultes ont fréquemment entraîné et emporté les assemblées représentatives jusqu'au terme fatal, jusqu'à ce terme où le mal étant consommé, le repentir ne tarde jamais à s'élever, à s'irriter, à s'envenimer, hôte impitoyable qui torture sans relâche la conscience attristée où il lui fut donné de s'introduire !

Versailles, 11 avril 1824.

DU BON DROIT

ET

DU BON SENS

EN FINANCES.

L'HOROSCOPE.

Mole ruit suâ.

Aucuns scrupules n'entravent ni ne tourmentent à cette heure : il ne s'agit plus de soulever le cachet de la parole royale, pour mettre au jour la pensée ministérielle. On n'a désormais en face que l'éternel *Moniteur*, banale trompette de tous les ministères, instrument servile de tant de calamités, qui néanmoins s'offrait à faire une due réparation, en en transmettant la mémoire, si l'homme ne se refusait constamment à s'éclairer, à se fortifier par les leçons de l'expérience.

Il a déjà été rompu quelques lances contre le bouclier d'Achille (1) : c'est de l'Ulysse dont il va

(1) *Les Scrupules d'un Electeur.*

nous être donné sur ce nouveau théâtre. L'aventureux cède la place à l'astucieux; au lieu du chevaleresque, nous aurons du fantasmagorique. Qu'on fixe le spectre, il s'évanouit.

Le papier sera noyé, sans doute, sous un flux d'assertions vagues et de vaines allégations. Avant ces temps, on n'avait jamais vu dans les conseils tant de suffisance, dans les argumens tant d'innocence; on n'avait jamais vu lutter, presque de forces égales, et le gigantesque des projets, et la trivialité des topiques.

Et qu'importe, s'il en devait être autrement; logique contre logique, preuves contre preuves, faits contre faits; eh bien, soit : on ne s'en inquiète nullement; on serait ravi plutôt d'être vaincu, d'être battu à plate-couture. Qu'on ait tort, c'est qu'un autre a raison; il n'y a de perte qu'au dire de l'amour-propre : et quelle jouissance pour l'âme, quel étonnement pour l'esprit, que celui qui a le pouvoir, ait raison.

Marchons donc, et avançons au plus vite. Deux années de ministères, c'était déjà deux siècles; la troisième année entamée au tiers, pèse autant que les deux autres. Et puis, troubler tout pour régler tout, bouleverser pour consolider, défiler le vieux pour tisser du neuf, défaire le repos du présent pour faire de la fixité dans l'avenir, est-ce se conduire avec sagesse ? On ne le pense pas.

Tout s'émeut, s'insurge et se révolte, soit le noble sentiment et la droite pensée, soit les habitudes prises et les espérances pressantes, soit les haines, les jalousies et les ambitions.

Comme l'atmosphère devient lourde et pesante ! Qu'est-ce que ces traînées de feu qui la traversent en tous sens, de plus en plus étincelantes, ainsi que les éclairs d'un orage prêt à fondre sur nos têtes ? Il n'y a plus de doute : les brûlantes vapeurs s'attirent, s'assemblent, s'agglomèrent ; la nue est bientôt chargée à morte-charge. Quand jaillira la foudre ? Demain, après demain, pas plus tard, du moins.

On se hâte, on se presse, étant de ces gens qui livrent de grand cœur le premier assaut, et qui ne guettent pas, à l'abri, le moment de donner le coup de pied de l'âne.

LES MAJUSCULES.

Facit indignatio versum.

ON doit d'humbles excuses à Homère et à Virgile d'entrer en matière, suivant leur méthode, par une scène dramatique. Tout ce qui vient d'être dit, n'est autre chose que l'expression naïve d'une soudaine pensée, dont l'esprit fut assailli, abasourdi, au moment où l'*Etoile* du 26 mars vint à passer sous les regards. Peut-être faudrait-il que le lecteur revînt sur ses brisées pour en comprendre le sens : est-il moyen de jouir sans quelque peine, de juger sans un certain travail?

L'Etoile du soir se lève comme d'autres se couchent, et renferme sa carrière au sein des épaisses ténèbres. Elle arrive donc (1)! il était tard, et la lampe pâlissait. Qu'est-ce, d'ailleurs, que cet interminable article en caractères presque imperceptibles? il faudrait appliquer une forte loupe à l'œil du corps, aussi bien qu'à l'œil de l'esprit. Et de quoi traite-t-il? Des finances, dit le titre. On traite des finances dans la rue Croix-des-Petits-Champs; mais c'est à mi-chemin de la rue Vivienne de nouvelle mode, et de la rue Quin-

(1) Historique.

campoix de vieille roche : rien de tout cela n'ins-
pire une confiance démesurée.

On avait déjà lu le *Journal du Commerce*, jusqu'alors ministre de Plutus, qui n'en eut pas de
plus habile, maintenant image de Janus à double
face, dont l'une reste fixée au démocratique, et
l'autre se retourne devers l'agiocratique, de sorte
à lui imposer le plus risible *torticolis :* or, ledit
journal s'était attribué l'initiative, même sur le
Moniteur, à l'égard du projet de remboursement,
et semblait être revêtu, on ne sait trop comment,
du caractère ministériel sous ce rapport. Sans
doute l'*Etoile* lui sert de double, et son article ne
vient qu'en appendice du sien, qu'en forme de
superfétation : il vaut mieux se coucher.

Et le lendemain, comment discerner la pâle
lueur de l'*Etoile* du crépuscule, à travers les
brillantes clartés de tous les Lucifers que voit
poindre l'aurore ; le lendemain, au reste, on allait
à Paris, tout préoccupé du projet d'Adresse de
la Chambre : on ne revint que le dimanche soir.
Le *Journal des Débats* attendait. Quelle aubaine !
A tout seigneur, tout honneur : lisons, se dit-on
aussitôt. Certes, nul n'a plus d'esprit, s'il daigne
en faire usage ; nul n'a plus de verve, s'il ren-
contre tel ministre en flagrant délit ; nul n'a plus
de science, si c'est pour l'employer en faveur de
son opinion : et en vit-on jamais qui fût aussi

classique, aussi littéraire? trop, sans doute, puisqu'il fait passer la politique sous les Fourches Caudines du dédain, et n'offre plus qu'une glose continue de sa devise favorite : *Dulces antè omnia muscæ.*

Faut-il en croire ses yeux? Un supplément! Est-ce gratis? oui, pour le lecteur, du moins. Un extrait du *Moniteur!* est-ce par ordre? Bon pour cette fois, mais qu'ils n'y reviennent pas : jetons-y un coup d'œil.

Le titre vient d'être lu, et la réponse est toute faite au manifeste officiel. Un homme à la physionomie, un ouvrage au frontispice , c'est assez pour juger : depuis des temps invétérés, on n'en a pas manqué encore, on ne s'est jamais fourvoyé.

Ici il n'est besoin de lunettes, le titre est en majuscules : DU REMBOURSEMENT DES RENTES CINQ POUR CENT, OU DE LA RÉDUCTION DES INTÉRÊTS.

Multa in paucis : beaucoup de choses en peu de mots. C'est un plat du métier; on est servi à son goût. Et quelle mine lucrative, quel abîme dévorant, celui-ci pour nous, celle-là pour eux, vont être mis à découvert, en fouillant quelque peu, sous ce filon jeté à l'aventure et rampant à la surface.

Creusons donc. *Du remboursement des rentes.* Il fallait mettre : *Du remboursement forcé*, cela fait une certaine différence. On disait jadis, *em-*

prunt forcé; maintenant on doit dire , *paiement forcé :* lequel est préférable ? le moment en décide. Que ce soit emprunt, quand il n'y a d'argent nulle part ; ou que ce soit paiement, quand personne ne sait que faire de son argent, l'un équivaut à l'autre. On se rappelle des assignats : dans ces temps, il y avait perte à recevoir, et bénéfice à rembourser.

Au moins l'ancien clergé, qui dévorait, comme chacun sait, la substance des peuples, ne s'était pas avisé de sucer ainsi le sang de ses créanciers. Son crédit s'étant amélioré, il empruntait couramment à quatre pour cent, sans qu'il lui soit venu en tête de rembourser ses contrats à cinq pour cent : c'était le siècle des ténèbres ; le fanal de la Bourse jette une bien autre lumière.

Poursuivons. *Les rentes cinq pour cent.* Voilà encore une omission. D'où vient que le terme technique, que le mot sacramentel n'y est pas ajouté ? On est vieux ; on a possédé des contrats sur l'Hôtel-de-Ville, car la majesté royale craignant sans doute d'être compromise par les manœuvres ministérielles, ne laissait apparaître dans les actes d'emprunt qu'un prête-nom, le Prévôt des marchands de Paris.

Or, il y était écrit et inscrit, en lettres majuscules *rentes perpétuelles ;* et dans l'intention du fondateur, ce semblait être *ne varietur.* Sans doute le mot aura paru trop long à l'imprimeur. C'est dommage , car rien n'eût été plus curieux , comme de voir s'évertuer l'art syllogistique et la science logomachique , qui font chaque jour des progrès si brillans , pour en altérer, en alterner le sens grammatical. Le succès était certain ; mais en attendant , le mot reste et demeure, se fixe et se perpétue.

Les rentes cinq pour cent, est-ce bien l'expression usitée , ou n'est-elle inventée qu'à bon escient ? On avait toujours entendu dire , *les cinq pour cent consolidés.* « *Consolidés*, juste ciel ! à d'autres , s'il vous plaît ; c'est donc un parti pris de nous perdre. *Consolidés*, *perpétuelles*, cela ne nous sied pas du tout; rien qu'un de ces mots portait notre condamnation. »

Calmez-vous, seigneur , autre temps , autre sens : entre la chose et le mot , quel rapport il y a-t-il donc? On avait cru aussi que la Charte était consolidée et par son origine et par ses épreuves et par notre gratitude : pas moins, voilà qu'elle est dépecée en dispositions *réglementaires,* au bon plaisir du ministère ; et quel niais pouvait espérer quand la main d'Onan ose attenter à l'arche sacrée, qu'un salutaire effroi la tiendrait en respect devant le Grand-Livre !

Nous n'avons pas fini. *La réduction des intérêts.* Ici l'expression est connue, de même que l'opération. Et d'autant paraît-elle bien rude, bien dure à employer : n'y avait-il pas moyen de laisser une ligne en blanc ? N'était-il pas possible d'inventer quelque circonlocution atténuante ? Au fond de la coupe, le poison ; c'est d'usage, c'est comme de plein droit ; mais jusqu'à cette heure, les bords ne manquaient pas d'être frottés de quelque peu de miel. On ne prend pas les mouches autrement.

Remboursement forcé, *réduction forcée*, en vérité c'en est trop à la fois. Et prenez garde : cela implique contradiction dans les termes. De bord ou d'autre, le génie du mal est satisfait tout de même ; mais quoi qu'il en ait, il ne peut faire d'une pierre deux coups. En aucun cas il n'existe de réduction, à proprement parler : le mot qui rendrait la chose, serait le mot de conversion : pour ceux qui n'acceptent pas des écus, il y a conversion du vieux titre à un titre nouveau, de la rente au denier 20 à la rente au denier 25. Remboursement ou conversion, l'alternative forcée entre l'un ou l'autre ; voilà le fait : n'est-ce donc pas assez ?

Le rédacteur n'y entendait rien ; passe encore. Mais où donc était le docteur œcuménique, lui qui est partout ? Faudrait-il croire qu'une telle rudesse ait été calculée à l'effet de tâter la patience et d'éprouver la servilité ? Les moutons de Panurge ont si bien sauté ; ils ont si lestement franchi l'ornière des élections. Que d'espérances doivent s'en tirer? A quelles fins ne peuvent-ils pas être amenés? Il ne reste qu'un pas à faire jusqu'au saut périlleux, tout comme il n'y a qu'un pas du Capitole à la Roche Tarpéienne.

Enfin, voilà que le titre est coulé à fond, de sorte à ne plus revenir sur l'eau. Nous en sommes au factum : lisons; et que la plume coure tant qu'il sera donné du temps. Mais pourquoi en prendre la peine? Tout était dit, ce semble : pourquoi? faut-il lâcher le mot honteux? C'est que l'homme dénombre et suppute les phrases, au lieu de peser et balancer les raisons.

Allons vite seulement. Sans doute le feu est au logis, à voir comme on déménage en hâte, comme on jette tout par les fenêtres : amenons donc les pompes. En quel état sont-elles? Il n'importe : telles quelles, il faut les faire jouer : souvent petite pluie abat grand vent.

L'ITALIQUE.

Discite justitiam moniti.

AIMEZ-VOUS *l'italique,* on en a mis partout. Le manifeste en est saupoudré; il en étincelle : Sans doute tout l'esprit de l'auteur fut infusé dans ces passages; et le surplus ne sert que d'ombre au tableau. Comme c'est agréable ! La vue baisse et se fatiguait au petit-texte. L'italique lui marque des jalons à travers cette bourbe fangeuse : c'est le fil d'Ariane qui doit guider aux routes sinueuses du labyrinthe : on l'empoigne d'abord, et tant qu'il ne se brise, on ne le lâche pas.

Cher voleur, disait le pauvre mari de la fable, reviens encore, reviens souvent. On dirait aussi volontiers, cher italique, reste donc, et ne nous quitte jamais. Du premier coup d'œil, il offre trois passages ineffables : Lisons haut, à tue-tête.

« Le remboursement des rentes *n'est pas légal......* Les prêteurs n'ont été inscrits que pour *des rentes perpétuelles......* Les anciens créanciers ont subi la perte *des deux tiers.* » Ah ! cher voleur, cher italique veut-on dire, que n'en restes-tu là ? La question était ainsi résolue; et il ne manquait plus que d'annoter au bas des pages, à l'instar d'une femme connue, *italique, italique, italique.*

Mais quel désappointement ! Nous savions bien que l'italique n'était pas du romain, du cicéro : serait-il plutôt du punique, du Terray ? Voilà qu'il se retourne, qu'il saisit l'arme à mille tranchans et sabre la justice, sur le billot du Code Civil.

C'est étrange assez, que le Code Napoléon soit invoqué au nom de Louis XVIII, que la loi empirique serve d'égide au trône légitime. Bonaparte, s'il ressuscitait, en ferait gorge chaude. Mais on en a tant vu; rien ne choque, rien ne scandalise désormais, si ce n'est peut-être l'honnête homme.

Et qu'en est-il, qu'en sera-t-il de ce Code plus vanté qu'estimé, plus fameux que célèbre, à l'égard duquel il y a tant à redire et tout à refaire ? Ne devait-il pas être remplacé depuis long-temps; ne peut-il pas être changé au premier jour ? Le cas advenant, ce serait dommage de s'en être servi; car le mal est facile à opérer; et pour le réparer, nul n'y peut mais.

On n'écoute pas de cette oreille. Les vieilles roues de la diligence, qui se déjettent de toutes parts, vont manquer au prochain relais; n'importe, pour peu qu'il leur reste encore assez de force pour passer sur le corps, pour briser et broyer les membres de quelques misérables égarés sur la grande route.

Transcrivons, puisqu'il le faut. « Une ligne du Code Civil réfute toutes les objections : L'article 1911 porte : *La rente constituée en perpétuel est essentiellement rachetable.* » Ne semble-t-il pas d'Alexandre-le-Grand, alors qu'il trancha le nœud gordien? On s'étonne seulement que le factum ne se soit pas arrêté tout court, après la manifestation d'un tel axiôme. Que reste-t-il à prouver encore, sinon que l'écrivain même n'y portait pas de foi?

Et, en effet, s'il pouvait y croire, s'il espérait y faire croire, se serait-il vu forcé à faire usage de l'antécédent le plus honteux, et à remarquer que la réduction au tiers consolidée a été présentée comme un remboursement partiel de la dette publique; ce qui prouve, à son dire, que l'Etat était dès-lors *réputé avoir le droit de rembourser cette dette.*

La main tremble en répondant à ce topique subsidiaire. Se prévaloir d'une odieuse banqueroute, dans la vue de justifier le projet de remboursement; fouiller aux archives du Directoire pour exhumer de l'ignoble cendre de ses actes, une ombre de pouvoir à conférer à notre gouvernement; jeter par dessus le manteau royal une des dépouilles pestiférées de l'usurpation, une nou-

velle robe de Nessus; confondre le fait avec le
droit; supposer que, d'un acte arbitraire, il doit
dériver un titre moral; prétendre que l'Etat était
réputé avoir le droit de rembourser, par cela seul
qu'il a opéré un remboursement illusoire; établir enfin que si l'Etat était dès-lors réputé avoir
ce droit, on doit conclure qu'il en est à cette
heure pleinement et légalement investi. C'est trop
fort !.

Une habitude dès long-temps prise s'applique à
cette matière. Jamais on n'écoute les adversaires;
on ne condamne les gens que sur leur propre
rapport. Les gens fournissent-ils un grand nombre
de raisons ? C'est de l'abondance ; il n'y a pas une
goutte de vin généreux : videz la coupe, au fond
vous ne trouverez que de la litharge. Les gens
donnent-ils de mauvaises raisons, des raisons
frauduleuses? c'est qu'ils n'en ont pas de bonnes,
de vraies à donner; c'est qu'ils n'ont pas raison.
Jugez maintenant.

On reviendra sur ce sujet; on y reviendra tant
que justice s'en suive, et même après qu'elle serait déniée, dût-on, chemin faisant, accoster les
murs de Sainte-Pélagie. On apprendra à ces gens,
aux ci-devant honnêtes gens, que le Code Civil ne
traite au premier livre que des droits des per-
sonnes ; aux second et troisième, que des biens et
des contrats, c'est-à-dire des rapports des citoyens

entre eux : toutes choses où il n'est nulle mention de l'Etat.

On leur apprendra, ainsi que cela devrait être exposé dans un code politique et moral, dans le code social, ce que c'est que la légitimité de la loi, ce que c'est que l'inviolabilité de la jouissance, ce que c'est que la justice, que l'humanité, que le sens commun.

Mais pour développer de tels points de vue, il faut une marge plus ample : on en parlera sous forme d'apostilles au manifeste. Pour le moment on se borne à butiner au hasard dans ce vaste champ de fleurs fétides et vénéneuses, espérant, ainsi que fait l'abeille, en extraire un miel pur et odoriférant, qui puisse neutraliser leurs contagieuses émanations.

On va répéter le fameux axiôme : « Une ligne du Code Civil réfute toutes les objections; l'art. 1911 porte : la rente constituée en perpétuel est essentiellement rachetable. »

, Et on va répondre : « une ligne du Code Civil réfute toute cette ligne ; l'article 2 porte : la loi ne dispose que pour l'avenir; elle n'a point d'effet rétroactif. »

Nos gens du *Moniteur* n'avaient pas lu le fatal article 2 : sans doute la première page du Code était depuis long-temps arrachée de leur exemplaire, et cela se conçoit : il était mis en tête *Code*

Napoléon ; chacun sait à quel point, ce nom leur fait horreur.

En tout cas, les voilà sauvés, et redimés à jamais, ces malheureux créanciers qui ont subi la perte des deux tiers, et donc leurs ayant-causes à droit successif ou vénal, car ce n'est pas au porteur que l'Etat doit, vis-à-vis le porteur qu'il s'est engagé, mais bien envers l'acte même et dans le contrat primitif.

Il ne reste plus qu'à trier au Grand-Livre, qu'à suivre la filiation des 63 millions de rentes provenant de l'Hôtel-de-Ville et du Clergé, et des états de provinces, et des charges de finances, etc. afin de les adjoindre aux 57 millions appartenant à diverses corporations, qui sont exceptées de la mesure projetée. Le total est de 120 millions, et le couteau fiscal n'a plus à s'exercer que sur 77 millions de rentes. En vérité, est-ce encore la peine, et le jeu vaut-il la chandelle ?

Poursuivons néanmoins. Après avoir cité l'art. 1911, le manifeste ajoute : « Il est donc *inutile* que la faculté du remboursement ait été implicitement prévue à l'époque des emprunts ou explicitement stipulée dans chaque contrat : elle est écrite pour tous dans le texte de la loi. »

La même phrase se retrouve mot pour mot dans le projet d'adresse de la Chambre : seulement elle y est prise dans le sens affirmatif, au lieu de l'être dans le sens négatif, en sorte que le mot *nécessaire* y remplace le mot *inutile*. Lequel vaut le mieux : l'avenir le dira : c'est lui qui porte lumière, aussi bien que justice.

Mais du moins si les droits du Trésor sont écrits dans le texte de la loi, ses devoirs y sont écrits aussi ; car enfin, dans un contrat il y a deux contractans. Partout où il y a loi, c'est pour l'un comme pour l'autre ; et quand elle ne protége que l'emprunteur, il lui faut aussitôt contraindre le prêteur, comme il s'est vu au bon et doux temps des emprunts forcés, des assignats, du maximum.

Or, les art. 1912 et 1913, qui touchent à l'art. 1911, et nous crèvent les yeux, portent que le capital d'une dette constituée devient exigible, 1°. si le débiteur ne fournit pas les sûretés promises ; 2°. s'il manque à servir les intérêts pendant deux ans ; 3°. s'il tombe en faillite ou en déconfiture.

Et que s'est-il passé depuis trente-cinq ans ? 1°. l'enlèvement de toutes les sûretés affectées aux anciennes rentes ; 2°. la cessation prolongée du paiement des arrérages ; 3°. la faillite la mieux conditionnée, ou plus poliment, une déconfiture accomplie. C'était donc, à triple titre, que l'Etat devait rembourser ses créanciers, à triple titre qu'ils pouvaient exiger le paiement : et qu'a-t-il fait ? qu'on absout ? rien du tout : apparemment que ni lui ni eux ne savaient lire au Code Civil.

On se trompe, c'est plutôt que le Code n'était pas encore écrit. Mais qu'importe cette formalité? elle était *inutile* : n'allait-il pas l'être bientôt ; que n'y lisaient-ils d'avance : c'est de leur faute, s'ils n'ont pas reçu leur argent.

Maintenant, il est bien avéré que la loi est écrite pour le passé comme pour l'avenir, pour la Chine peut-être aussi bien que pour la France. Voyons seulement comment elle est écrite, comment doit s'entendre l'article 1911, lorsqu'il dit que la rente constituée est rachetable! Il nous faut reculer contre notre usage, mais c'est pour mieux sauter : tournons le feuillet; l'article 1895 établit que le débiteur doit rendre la somme numérique prêtée, et ne doit rendre que cette somme dans les espèces ayant cours à l'époque du paiement.

Que la *Convention* fut donc bête! Il ne lui fallait qu'un acte de prescience pour lire aux pages futures du Code Napoléon. Et le moment étant advenu où le louis d'or valait six mille francs en assignats, elle se trouvait autorisée à rembourser les rentes au 250e. de leur valeur primitive, sans être accusée de banqueroute, sans être pourchassée et flagellée par l'opinion publique. Et quelle bonne justice! c'en était fait à n'y revenir jamais.

S'il est trop peu chanceux pour réparer une faute aussi notoire, pour se récupérer d'une perte aussi majeure, au moins le gouvernement aurait le droit de profiter de l'art. 1895, aussi bien que de l'art. 1911, et de cumuler les deux articles au lieu de les scinder. L'un vaut comme l'autre, l'un s'applique où s'applique l'autre : suivant le *Moniteur*, l'Etat est dans le droit commun, sauf le cas d'exception, où il est dérogé par des lois expresses ; et il n'existe pas de loi pour l'exception, non plus que pour la règle.

Ainsi donc, qu'on tranche hardiment, qu'on retranche amplement. Voici la loi et les prophètes. « Art. 1911, la rente constituée est rachetable : art. 1895, le débiteur ne doit rendre que la somme numérique prêtée! »

Accourez, créanciers de toute sorte et de toute époque, vous avez des cinq pour cent consolidés, n'est-ce pas ; eh bien! voilà qu'ils vont être déconsolidés : mais à quel taux? Cela dépend. Allons, rangez-vous donc par bande : est-ce fait? Maintenant, tendez la main et fermez les yeux : il n'y a pas de fausse monnaie sous un roi légitime ; mais avec ses ministres, il n'y faut pas compter de trop près.

« A vous de l'emprunt Corvetto, pour 100 mille francs, en voilà 54 : à vous de tels et tels autres emprunts ; voilà, voilà...... La mémoire s'y perd ;

tant il y a que des premiers aux derniers, l'échelle passe par degrés de 50 à 90 fr. pour 100 fr. Bonsoir, Messieurs, et au revoir, rancune ne tenant, s'il vous plaît. »

Mais les porteurs qui ont acheté au-dessus de 100 fr., qu'en ferons-nous? Des nigauds, puisqu'ils ont cru sur parole; des coquins, s'ils ont agi de science secrète. Qu'on n'en parle plus.

Et les créanciers du vieux temps, ainsi que leurs ayant-droits par héritage ou par donation! Ah! qu'on en parle de ceux-là. Ce serait voler au dire du Code, au dire même du fisc de Napoléon, si devant le sourcilleux aspect de l'art. 1895, on hésitait à leur rendre la somme numérique prêtée. Ici point de phrases, pas un mot à jeter en avant : entend-on voler ou ne pas voler, oui ou non ?

Au moins ne peut-il être esprit fiscal sur terre ou aux enfers, qui ose nier qu'en les remboursant au cours de 100 fr., on leur escroque, on leur dérobe, comme en manière d'escompte, les 20 ou 30 fr. de hausse au-dessus de ce prix, que promet le temps et que se promet le trésor.

Le crime fait la honte, et non pas l'échafaud.

A l'égard de cette sorte de créanciers, il n'y aurait que de la honte; car c'est chose rare que

l'Etat poursuive ses agens, rien qu'en vue de justice, et à l'encontre de l'intérêt du Trésor.

Mais, pour les autres créanciers, que les ministres se pénètrent bien de l'art. 1895, et qu'ils
tremblent! A leur rembourser le capital nominal,
il n'y a pas moins que dilapidation. Quel grand
mot est tombé de la plume! et il tombe à plat s'il
ne vient pas s'y adjoindre, l'autre grand mot de
la responsabilité. Qui sait si jamais! La mode va
et vient; peut-être celle-là est-elle à la veille de
poindre et d'éclater tout d'un coup.

Pour son compte, on ne s'y fierait pas; et sous
un tel péril, sous cette épée à la Damoclès, on
donne d'avance sa démission, de tout ministère
quelconque, si de hasard, il venait à échoir, à
choir sur la tête.

LE PETIT TEXTE.

Qu'il a fallu de temps et de peines pour sortir de l'italique ; c'était à n'en pas finir. Le surnom en restera peut-être ; et n'est-il pas bien mérité ?

> Pour contenter mon cœur, pour plaire aux justes dieux,
> J'ai fait la guerre aux mots, j'en ai perdu les yeux.

Maintenant on ne fera plus la guerre à ses frais et périls : l'ennemi est moulu, éreinté des coups qui lui furent portés ; il n'y a rien à craindre de lui. Et c'est comme en manière de jeu, qu'avant de le jeter la face contre terre, on s'amuse à le lâcher encore dans l'arène, le poursuivant d'un fouet acéré, dans ses tours et détours, tant qu'enfin, harrassé au dernier point, il vienne trop tard pour son salut, assez tôt pour le nôtre, à faire amende honorable.

On se voit forcé d'ajourner à un autre moment, de réserver pour son remplaçant peut-être, les leçons qui restent à donner sur les principes de l'économie publique, sur les sources de la richesse nationale, sur la nature et les causes du crédit, sur la question d'un fonds d'amortissement, rnfin sur l'histoire des finances d'un pays voisin ; toutes choses fort mal entendues en France, où c'est depuis long-temps la mode, non sans clabauder à l'envi contre l'Angleterre, de dépecer ses institutions en lambeaux pour revêtir nos honteuses nudités, ne s'apercevant pas que les lois politiques et fiscales qui en sont exportées, s'altèrent et s'avarient constamment en la courte traversée du Pas-de-Calais.

Entrons en matière. Il faut l'avouer, on travaille à la manière de Tristram-Shandy ; on n'a pas le temps d'être court. Et puis, d'honneur, ce n'est pas goutte à goutte que pleuvent les raisons au sein d'un cerveau altéré ; croyez plutôt qu'elles tombent par torrens, qu'elles inondent l'esprit, qu'elles le noient peut-être d'un déluge nouveau.

Les trois premiers paragraphes du *Moniteur* traitent scientifiquement et résolvent magistralement ces deux grandes questions, à savoir qu'il en coûte moins à payer 4 pour 100 que 5 pour 100, et qu'on amortit moins de rentes au-dessus qu'au-dessous de 100 fr. Ce qui suit est plus curieux.

« Si la mesure n'eût pas été attendue, le cours des rentes serait au moins à 108 fr., et ne s'arrêterait pas à ce taux. On voit alors que cette progression au-delà du pair rendrait de plus en plus *onéreuse* l'action *salutaire* de l'amortissement...... Cet *excédant de prix* serait d'autant plus *regret-*

table, que jamais l'Etat n'a reçu intégralement le capital de *cent pour cinq:* »

On ne sait auquel entendre. Le capital de *cent pour cinq,* en quelle langue est-ce écrit? Une action *salutaire* qui devient d'autant plus *onéreuse,* ne sont-ce pas des mots bien étonnés, scandalisés même de se trouver côte à côte?

Mais cet excédant de prix, s'il est tant regrettable pour l'Etat, l'est-il donc aussi pour le créancier? Et faut-il que celui-ci ne compte plus pour rien, qu'il ne soit plus tenu au nombre des sujets du Roi, au nombre des cliens de l'équité?

Comment! tel rentier de vieille souche, rentier à la manière de l'huître clouée sur son rocher, aura été dépouillé, il y a trente ans, des deux tiers de son capital; et c'est l'Etat, toujours identique sous le rapport des finances, qui, après en avoir profité, se plaint amèrement qu'un excédant de prix menace de lui restituer un vingtième peut-être de ses pertes.

Comment ! tel autre créancier, spéculateur suivant la mode, papillon léger qui butine du bouton à la fleur, aura contracté ou sera entré dans les emprunts faits de 54 fr. jusqu'à 89 fr., toujours courant le risque des crises politiques et des faillites bursales, souvent haletant d'effroi, à voir sa rente choir de 80 fr. à 60 fr., puis de 94 fr. à 76 fr.; peut-être même l'ayant vendue au plus bas pour la racheter au plus haut : et le fisc dispos à tondre sur un œuf, lui enviera, lui ravira plutôt, la chance de se récupérer quelque peu !

Pauvre d'esprit, on ne pouvait croire que le projet de loi dût faire ainsi l'office d'une manivelle expressément fabriquée, pour forcer la baisse, pour frustrer le rentier d'une prime aussi légitime.

On ne le croit que de ce jour 6 avril, et les journaux en main. Il est écrit dans le discours du ministre : « La rente serait à 110 fr. et 115 fr., si la loyauté du Gouvernement ne l'eût porté à laisser pénétrer ses intentions. »

De la loyauté ! mais à quelle enseigne, s'il vous plaît ? Est-ce dans l'intérêt de l'amortissement ? L'idée est vraie, l'expression est fausse : est-ce dans l'avantage des agioteurs ? rien ne leur est dû ; ils font un métier : que ce soit à leurs risques. N'est pas marchand qui toujours gagne.

Et pour les rentiers anciens et nouveaux, quel abus de mots ! quel fatal jeu de mots ! Si c'est cela que vous appelez de la loyauté.

Pardon, pardon mille fois, monseigneur : on fomente le projet de causer un jour avec vous, non pas entre quatre yeux, mais plutôt entre deux plumes. Cela ne vous prendra pas un instant. On lit assez courramment dans les caractères bien imprimés ; on lit même au blanc des interlignes. Et qui sait, le public accourra peut-être, pour entendre réciter au naturel une audience du Ministre des Finances.

Le *factum* continue : « Si l'amortissement est devenu trop onéreux, ne ferait-on pas mieux de le suspendre, ou de le supprimer......., et l'on aurait spontanément une réduction de 73 millions dans les charges annuelles. »

En vérité, le folliculaire ne s'exprimerait pas mieux, s'il était aux gages des rentiers ou seulement des contribuables. Aussi va-t-il se hâter de ravaler ses paroles. « Cette idée peut avoir quelque chose de spécieux dans sa *simplicité;* mais elle ne soutient pas l'examen. »

C'est donc reconnu : Il y a du spécieux dans la simplicité, et sans doute il n'y en a point dans la duplicité. On pense de même.

« Il faut bien se garder de toucher à l'institution de la Caisse d'Amortissement : en premier lieu, parce que les prêteurs ont assis leurs calculs sur cette circonstance, et qu'il y aurait *déception* pour eux, si l'on changeait aujourd'hui de système ; en second lieu, parce que s'il ne s'offrait plus un débouché certain aux portions de rente dont la vente est pressée, il pourrait en advenir de temps en temps *une baisse* inattendue et dangereuse ; en troisième lieu, parce que l'amortissement fut institué surtout dans le but de parvenir à *l'extinction* de la dette mobile, afin de permettre de faire de nouveaux emprunts, en cas de besoin ; ce qui serait impossible, si l'Etat restait chargé d'une dette de 164 millions. »

Or, tous ces topiques sont-ils autre chose que des lieux communs? Nous allons le voir, nous allons poursuivre le sophisme de lieu en lieu.

Lieu de la déception. Quelle grandeur, quelle délicatesse d'âme! Et où germent de telles vertus, où végètent-elles? aux pages du *Moniteur,* pas ailleurs. Le cher journal, il parle de déception : un aveugle ne parle pas mieux des couleurs. Mais quel mot imprudent vient de s'échapper de sa plume! Il y a de quoi lui casser bras et jambes, lui rompre les reins mêmes. N'est-ce pas la vraie pierre d'achoppement aux routes raboteuses où il se démène? Qu'il l'aborde seulement de la pointe du pied; et voilà que le nouvel Encelade s'en va tout de son long, tout à plat, mesurer la terre.

Déception, déception, juste Dieu ! Pour qui donc est-elle ? Pour ceux qui portent les droits les plus sacrés : et quelle déception flagrante, que de les rembourser au tiers seulement de leur capital primitif, de les rembourser en vertu d'une faculté qui ne fut pas stipulée dans leurs contrats, ou du moins qui ne fut jamais exercée de temps immémorial ?

Mais il est un point de vue plus frappant, plus tranchant encore, dont l'œil du fisc, renfermé sous

des besicles d'or mat, ne paraît pas avoir soup-
çonné l'existence. Le porteur d'inscriptions doit
être considéré sous deux rapports, comme créancier, et comme rentier. Comme créancier, il est
revêtu d'un titre légal; comme rentier, d'un titre
moral. Là ce ne sont que des espèces monétaires
avec qui on traite; ici c'est de l'espèce humaine
sur qui on opère. Là c'est du papier noirci d'encre,
semblable aux feuilles de la Sibylle, que le sort
variable porte aux nues, ou rejette dans la boue;
ici c'est de la chair même, souvent ridée et
flétrie de misère, image sensible de la victime
que traîne d'autel en autel un sacrificateur inhu-
main.

D'une part, il n'apparaît que le capital et de la
hausse ou de la baisse; de l'autre, que le revenu
et de la faim et de la soif. La déception frappe
inégalement entre eux. Qu'on y réfléchisse donc,
qu'on balance encore le dommage et la coulpe.
Sur le capital, jamais elle n'influera que de quelques centimes, et encore pour des instans; sur le
revenu, ce n'est aussi que de quelques centimes;
mais ces centimes, si peu qu'il y en ait à déduire,
étaient ceux-là mêmes dont s'entretenait l'huile
presque tarie de la lampe expirante.

Lieu de la baisse : « Eh! que n'a-t-on pitié de
notre sommeil si souvent troublé, de nos perpé-
tuels cauchemars? Où gît notre idée? Au beau

milieu de la Bourse. Mais voilà deux heures qui sonnent? quel est le cours?

Veillons, veillons, amis.

La baisse fuit et fait place à la hausse.

Remettez-vous, monsieur, d'une alarme aussi chaude.

Rappelez vos sens, votre mémoire seulement; et de plus, apprenez ce qu'on ne vous a pas appris. Vous souvient-il de la baisse en·1818, rien que de 80 à 60 fr.? Il y avait pour lors un fonds d'amortissement déjà puissant. Vous souvient-il de la baisse en 1823 de 94 à 76 fr.? ce fonds existait aussi, plus fort en proportion que le fonds actuel.

Vous plairait-il d'aller à la remorque jusqu'aux rives de la Tamise? Il y a trois ou quatre ans que le chancelier de l'Echiquier n'eut pas honte, n'eut pas même peur de réduire le *sinking fund* de 16 millions sterling à 5 millions; et ne voilà-t-il pas que ce récalcitrant, cet impertinent trois pour cent jugea à propos de partir justement de cet acte, comme s'il entendait s'en faire un point d'appui, pour s'élever peu à peu et de jour en jour, du modique cours de 70 environ, jusqu'au cours majestueux de 95, là où il pause et se repose maintenant.

Mais, vous savez l'anglais; ou, si c'est que non, on est prêt à vous traduire, non pas en beau français de nos jours, mais en franc gaulois du vieux temps, *The history of the public revenue*, etc. *By sir John Sinclair*, 3 vol. in-8°., 1804.

Ce qui étant fait, vous y verrez (1er. vol., p. 486 et suivantes), qu'en 1716 le sinking fund, le fonds d'amortissement y fut établi, qu'en 1728-9, il fut astreint à fournir l'intérêt d'un emprunt de douze cent mille livres sterling ; qu'en 1730-1, il fut privé d'une rentrée équivalente à l'intérêt d'un emprunt de même somme ; qu'en 1732-3, cinq cent mille livres sterling lui furent enlevés pour employer au service courant, et qu'il expira ainsi, suivant l'expression de *Price*, après une existence de onze ans.

Il est vrai de dire que le coup de grâce lui fut donné, de la façon de ce mesquin de ministre, Robert Walpole ; lequel, pour combler la coupe des inepties et des iniquités, osa de plus se refuser à la réduction de la dette de 4 à 3 pour 100, en sorte qu'elle ne fut effectuée qu'en 1748, après qu'un laps de douze années eut été alloué aux réflexions de l'esprit, aux leçons de l'expérience.

Mais ce qui vous frappera le plus, c'est la concordance du cours des 3 pour 100, avec la série des brèches faites à l'amortissement ; ce cours s'étant élevé en 1731-2-3, de 95 à 103, et n'ayant baissé qu'à la fin de 1733 pour reprendre bientôt son niveau.

Il sera surtout effrayant pour vous d'observer que, pour s'assurer d'aussi brillans résultats, ce semble être chose nécessaire de réduire le fonds d'amortissement au moins des deux tiers, comme il y a trois ou quatre ans, ou mieux encore sans doute de l'abolir en entier, ainsi qu'il fut fait de 1730 à 1733.

Lieu de l'extinction. Voici le dernier lieu : le ciel en soit béni, dira le lecteur et le ministre peut-être. Mille excuses à l'un et à l'autre ; mais on court au plus vite, on passe par-dessus tout, on écrit comme au hasard : qui sait même, tel est le hourvari, si, à travers les omissions les plus importantes, il ne se rencontrera pas quelques erreurs de fait ou d'esprit ? Que le temps en soit donné enfin ; que l'idée ne soit plus effarouchée par la vue simultanée du fantôme illégal et du spectre déloyal, qui planent sur nos têtes ! et certes il sera mieux dit, il sera dit assez.

L'extinction ! est-ce celle des rentiers par la famine ? A quoi bon ? ils ne sont pas viagers. C'est plutôt l'extinction de la rente par la voie du rachat ; et il paraît constant dans la rue Vivienne qu'autrement l'Etat ne pourrait plus faire des emprunts.

Revenons aux Anglais : ces gens-là ont du bon. Demande-t-on leur avis, ils vous trompent, et

cela est juste ; tremble-t-on devant eux, ils se
moquent de vous, et cela est juste. Mais qu'on
étudie, qu'on approfondisse les secrets de ce
grandiose pays, de la seule nation nationale de
l'Europe ; et quelles leçons viennent sur l'heure
vous châtier, de main de maître, vous flageller
à bras raccourci, fussiez-vous ministre et premier ministre, et seul ministre, et tout ministre.

Treatise on the Wealth, etc., *by Colquhoun*,
in-4°., 1813, chez Barrois fils, quai des Théatins.
Tel est l'ouvrage par lequel il appert que Pitt fut
le premier à ressusciter le fonds d'amortissement,
(page 269) : ce fut au printemps de 1786, et par
parenthèse, les trois pour cent, qui étaient déjà
en 1785 à 70 et 71, n'en languirent pas moins,
aux environs de 75 jusqu'en 1790.

Il n'y eut donc point de rachat, point d'extinction de la dette à dater de 1733 à 1786, pendant plus de cinquante ans ; et c'est pendant cette
léthargie prolongée de l'amortissement, que l'Angleterre a emprunté plus de 200 millions sterling, 5 milliards en francs, à des taux très-mo-
dérés, puisque suivant la table de Sinclair, les
trois pour cent se sont soutenus constamment de
90 à 100, sauf pendant les guerres.

Et toi, chère France ! ne parleras-tu pas aussi ?

Faisons silence, sa voix est si douce, si faible le plus souvent ; on croirait qu'il y a une sourdine : tellement qu'elle parvient rarement à pénétrer jusqu'au timpan des oreilles plus ou moins longues, qui devraient se montrer si scrupuleuses à l'écouter, si ambitieuses de l'entendre.

Or, la France dit, qu'elle avait, jadis, une dette plus forte avec de moindres revenus, et pourtant qu'à son grand détriment, les prêteurs étaient toujours à sa porte, d'après la belle expression du *Moniteur*, si bien que dans sa colère elle se crut trop souvent en droit de les faire jeter par les fenêtres.

La France dit, qu'il en coûte plus qu'on ne pense, à sa bourse comme à sa raison, de verser 73 millions par an au Trésor, afin que la caisse du Trésor rachète les effets du Trésor ; qu'elle ne garderoit point lesdits fonds à ne rien faire, s'ils lui étaient laissés, et qu'au contraire, ils seraient employés à nourrir, à engraisser l'Etat, de sorte qu'en cas de guerre son embonpoint n'en craindrait pas les dépenses.

La France n'en finirait pas à dire. Mais que la Caisse d'Amortissement doive être l'*éternelle sauve-garde des emprunts nouveaux*, qu'elle soit *la pierre fondamentale du crédit public*, et que personne ne puisse prédire ce qui arriverait, si cette institution étoit seulement ébranlée, ainsi que le

Moniteur le proclame d'un ton solennel et lamentable à la fois; voilà ce que la France ne dira jamais.

LE FATRAS.

Nascitur ridiculus mus.

A de plus hauts partis Phlipote doit prétendre.

Comment se ravale-t-on , jusqu'à bâtonner le *Moniteur*, ligne par ligne , à la veille de jeter le gant et de rompre la lance en visière , rien moins qu'au ministre même ? C'est que celui-ci vient trop tard, celui-là trop tôt : il n'importait lequel , pourvu qu'on eût à ferrailler. D'ailleurs, rien ne retenait, pour mettre le *Moniteur* en loques : le dépouiller, le rhabiller à sa guise, c'était comme un jeu de carnaval. Et qui sait si de ce vêtement à l'arlequin, tissu de pièces et de lambeaux, dont il vient d'être affublé, il ne se trouvera pas quelque partie , justement taillée à la mesure de tout autre personnage?

Il est question du gouvernement, et voici le paroles du *Moniteur* « Les nouveaux prêteurs sont à sa porte; ils le pressent de leurs propositions et lui offrent tous les fonds dont il a besoin , beaucoup au-dessous de cinq pour cent. »

Bien, les prêteurs, les banquiers sont à sa porte ; pourquoi pas *à la porte*, plutôt ? Ils lui offrent tous les fonds ; promettre et tenir, ce n'est plus qu'un maintenant ; témoin, le manque de foi d'un d'entr'eux , pour cinq millions de rentes , lors du congrès d'Aix-la-Chapelle. Ils le pressent pour traiter à l'intérêt de trois et demi pour cent, à quoi il ne serait ajouté qu'une legère commission de douze et demi pour cent sur le montant du capital.

« Mais, au lieu de changer de créanciers, au lieu d'ouvrir aux spéculateurs des chances de bénéfice, il sera plus *simple* et plus *avantageux* pour les *détenteurs* de la rente, que l'Etat convienne avec ceux de la *réduction d'intérêt*, qu'il obtiendrait en les remboursant. »

Laissez-vous faire , mon bon seigneur , c'est pour votre bien : ainsi parlait le messager de la mort à don Carlos, en lui présentant, à genoux , le cordon fatal.

Ici seulement il y a moins de révérence, moins de cérémonial. Le *Moniteur* a décrété, purement et simplement, que la réduction est plus avantageuse que le remboursement, aux détenteurs de la rente ; attendu sans doute que l'argent est trop lourd à porter en poche, et qu'un fragile papier, dont le cinquième vient d'être retranché, pour la leçon du fisc futur, n'est pas facile à jeter au feu.

Et notez : ce n'est pas aux créanciers, aux rentiers, que s'adresse la parole hautaine ; ils sont éteints apparemment. Le factum ne parle que des détenteurs de la rente. Détenteurs, ouvrez le dictionnaire, ceux qui tiennent pour le moment, par circonstance ; détenteurs, expression pas tout-à-fait synonyme, mais souvent assimilée à celle de recéleurs. Est-ce qu'on voudrait leur faire peur ?

Mille excuses de rechef à Son Excellence ; mais il faut bien qu'elle comparaisse en ce lieu dûment citée par justice. On lit dans son discours :

« Vous pouvez emprunter à quatre et vous devez à cinq : vous offrez aux rentiers actuels, la préférence de la conversion ; et s'ils la refusent, par *humeur*, ou par *ignorance* de leurs intérêts, vous usez de votre droit, vous les remboursez. »

Reprocher leur ignorance à ceux qui nous ont prêté, rien n'est plus naturel : mais blâmer de leur humeur ceux à qui nous enlevons le cinquième du revenu, est-ce juste, est-ce prudent, est-ce poli seulement ? C'est tout au plus, si cette phrase pouvait passer à Maroc.

Pauvre Carlos, pauvres rentiers, vous prenez de l'humeur ! Eh bien, s'il ne vous plaît pas de vous laisser couper le cou, tremblez, il vous arrivera pis.

Et pourquoi tant d'efforts du ministre et du *Moniteur*, pour prêcher en faveur de la réduction ? Ce dernier a donné le mot de l'énigme : *Il sera plus simple de convenir, avec les détenteurs, de la réduction des intérêts.*

Et pourquoi ce mode est-il le plus simple ? C'est tout bêtement parce que l'autre mode, le mode de remboursement, se montre très-hasardeux, impraticable, pour mieux dire.

Disons-le, c'est de la belle et bonne fantasmagorie. Le remboursement n'est mis, n'est jeté sur la scène, qu'en guise de repoussoir, qu'en manière d'épouvantail.

« Pensez-y-bien, nous sommes prêts à vous payer le capital de vos rentes ; et comme l'intérêt de l'argent va tomber à trois pour cent, comme les propriétés vont se vendre au denier 40 ou 50, il vous sera impossible d'en faire aucun emploi. C'est alors que, guéris de votre humeur, et revenus de votre ignorance, vous jetterez un coup d'œil de regret tardif, sur ce précieux Grand-Livre, dont il vous aura plu de sortir : sans doute son sein paternel sera toujours ouvert à l'enfant prodigue que ramène le repentir ; mais nous le craignons fort, les trois pour cent seront dès-lors bien rapprochés du pair légal : vous les avez repoussés à 75, et peut-être serez-vous trop heureux d'y rentrer à 100. »

Que le fisc parle donc bien ! mais en retour, ne se peut-il pas que les rentiers agissent mieux encore ? et le cas advenant, rira bien qui rira le dernier.

Or, qu'ils s'en tiennent au remboursement : Il

reste 140 millions de rentes à liquider, il faut un capital de 2 milliards 800 millions. Et où le pêchera-t-on?

Trois colosses de banque, toute la machine à banque et à banqueroute, qui se joue à travers le sang et les larmes de l'Europe, n'y pourraient rien. Où sont les ailes de ces aigles audacieux qui fixent le soleil, qui le font pâlir d'un regard? où sont-elles? Ces ailes ne sont qu'une, l'aile du crédit.

Que l'espèce de fièvre à la hausse, dont parle le ministre avec tant de candeur, se propage et s'envenime de jour en jour; que la manie des prêts à tous ceux qui en veulent, se perpétue et s'exagère encore; voilà de quoi graisser les essieux, de quoi pousser comme sur des roulettes cet immense carabas du crédit, qui sembla long-temps ne pouvoir s'échapper des ornières de la défiance, et qui menace toujours de s'y embourber de nouveau, à la moindre pierre d'achoppement.

Le crédit, c'est la boule de neige, dont le noyau souvent formé rien que d'une feuille morte, se charge d'abord de quelques molécules de glace, et poussé par un souffle de bise, part du sommet de la montagne, toujours roulant sur lui-même et amoncelant autour de lui la neige de plus en plus ramollie, en telle manière qu'au terme, au creux de la vallée, il devient une masse immense, in-

forme, hétérogène, que le premier orage va fondre et dissoudre en vapeurs.

En un mot, que les rentiers se refusent à la réduction, ou qu'ils jettent leurs effets sur la place,
dans la vue d'attraper quelques francs au-dessus
du pair, tout le plan est à vau-l'eau.

La montagne en travail enfante une souris.

Cela peut se dire plus au long, non pas plus au
clair, peut-être : et le temps manque.

Passons au dernier topique, et soufflons dessus ;
ce n'est jamais qu'une bulle de savon. Le *Moniteur* continue :

« L'opération projetée est *généreuse* pour les
créanciers...... L'Etat se reconnaît débiteur envers eux, *d'un tiers en sus* du capital par eux fourni...... Leurs nouvelles inscriptions ne reviendront qu'à 75 pour cent, et ne tarderont pas à
s'élever au-dessus de ce taux...... Le taux inscrit de 3 pour cent, qui d'abord ne va être que
nominal, deviendra progressivement le taux réel.»

« D'autres considérations la recommandent
dans l'intérêt de l'agriculture et de l'industrie. Le
haut intérêt payé par l'Etat, influe sur le taux des
emprunts entre particuliers....... Cet état de
choses changera, dès que les placemens sur l'Etat
produiront un intérêt moins élevé. »

Vit-on rien de plus charmant! l'Etat gagne, et

cela est clair, puisqu'il paie 28 millions de moins. Les rentiers gagnent, et cela est certain, aussitôt du moins que leurs 3 pour cent auront monté au pair légal de 100 francs. L'agriculture et l'industrie gagnent, et cela est évident, en cas toutefois qu'elles aient besoin de fonds, et que l'intérêt tombe à bas prix.

Voilà donc une lumière vive, éclatante ; voilà l'étoile étincelante du fisc qui se présente aux regards, comme enchâssée entre deux masses d'ombres, de brumes épaisses, que le rayon du crédit doit bientôt illuminer à l'égal de l'astre flamboyant.

Tout semble au mieux, si ce n'était que ce rayon tarabuste quelque peu une imagination débile. Crédit est mort, dit le proverbe, et certes le proverbe mentait ; les mauvais payeurs l'ont tué, dit-il encore ; cette fois en aura-t-il menti aussi ?

On ne sait, tant l'engin du crédit est de sorte étrange :

> C'est le chien de Jean de Nivelle,
> Qui s'enfuit d'autant qu'on l'appelle.

Vous ne l'attendez pas, il vous chute sur la tête : vous croyez mettre la main dessus, il s'esquive et vous échappe.

Or, quel esprit a soufflé toutes ces belles paroles ? Il y en a deux au lieu d'un : l'esprit bénin et l'esprit malin ; il y a simplicité et duplicité. En voulant séduire les autres, on s'est laissé induire soi-même ; en préparant la potion du filtre enivrant, les vapeurs qui s'en exhalaient sont montées à la tête, et la tête s'est perdue. Que l'homme trompe, cela n'est pas rare ; qu'il se trompe, c'est encore plus commun ; car l'ambition est bien faible, en comparaison de la vanité.

On ne répond qu'à la simplicité : c'est encore celle à qui il serait plutôt donné d'entendre ; c'est celle surtout à qui il est permis de parler le plus franchement.

Eh bien ! gens simples, vous vous transportez au marché des subsistances, puis au marché des inscriptions où, dans l'un comme dans l'autre, il y a une valeur mobile de 2 à 3 milliards ; et là, avec une maigre centaine de millions, vous vous imaginez produire un effet de quelque intensité, d'une certaine durée.

Hercule a-t-il péri sous l'effort de Pygmée ?

Vos petits millions sont vite dévorés à un tel jeu, et souvent ils y sont balancés en sens inverse par une somme égale que jettent les spéculateurs, et souvent ils vous sont retirés au moment opportun par les prêteurs qui les ont avancés.

Sans doute la parole, si elle tombe du faîte, si

elle frappe à coups redoublés, exerce de l'influence sur les idées, et rallie ainsi à vos efforts des efforts collatéraux; mais ces bandes éparses, qui marchent un instant sous votre étendard, n'en restent pas moins attachées à leurs bannières, si bien que la moindre crainte, que la moindre tentation les sépare de vous, ou même les retourne contre vous.

Le crédit public, la hausse des fonds ne reposent à long terme, à fin de compte, que sur deux bases : la prospérité de l'Etat et la ponctualité du trésor. Que les arrérages soient bien payés, rien de plus ne ressort de celui-ci; que les capitaux s'accumulent, voilà tout ce qui provient du fait de l'Etat.

Et voyez en Angleterre, entre 1730 et 1760, les 3 pour 100 se soutenant de 90 à 105. Voyez en France, avant la révolution, les rentes ne s'éloignant guère de 100 fr., quoiqu'il n'existât dans les deux pays aucun fonds d'amortissement.

Patientez donc, et surtout ne bougez pas. La machine est trop lourde de masse pour obéir à votre doigt, assez vive de mouvement pour l'attirer et le broyer. En France, en Angleterre, il y avait guerre; il y a paix : la hausse et le crédit sont là comme ils y ont toujours été, et pas ailleurs où ils n'ont jamais été.

Quant à vous, vous n'y pouvez mais; faites accepter en apparence à vos banquiers des 3 pour 100 à 75 fr., tandis qu'au cours de la Bourse leur valeur vénale n'est qu'à 60 environ; dans le seul dessein d'épouvanter vos créanciers d'un remboursement impossible; ensorte qu'ils prennent lesdits 3 pour 100 à 25 pour 100 de perte.

Elevez nominalement au denier $33\frac{1}{3}$, au pair de 100 fr. pour 3 fr., ce nouvel effet qui ne se vend réellement qu'au denier 20, qu'au pair de 60 fr. pour 3 fr.; dans l'espérance que l'argent s'en va courir après un papier fictif, et ne doit prendre aucun repos avant d'être parvenu au niveau annoté en marge.

Faites cela et toute autre chose encore : rien ne ressemble mieux à l'ouvrage de Pénélope, auquel les rivaux d'Ulysse ne furent pas pris longtemps, quoi qu'en dise Homère.

En dépit de cette allonge factice qui se voit imposée au titre des 3 pour 100, ils ne s'établiront pas même au cours de 75 fr., à moins que les 5 pour 100 n'eussent dû s'élever à 125 fr.; et ils n'atteindront le pair nominal de 100 fr., qu'au moment où ceux-ci auraient atteint le pair analogue de 166 fr.

Ainsi, ce ne sera jamais de votre fait que les rentes viendront à produire un intérêt moins élevé, de manière à baisser le taux des emprunts entre particuliers; tandis que ce sera par vos actes que les rentiers se verront dépouillés du cinquième de leur modique revenu, sans aucun avantage pour l'agriculture et pour l'industrie.

Et puis, s'il devait arriver que tous les créanciers de l'État, condescendant à vos désirs empressés, acceptassent à baise mains et *sans humeur* la conversion des intérêts de 5 à 4 pour 100, nul fonds pour lors ne sortirait de la rente et ne s'offrirait aux transactions privées.

Il faut dire de plus, bien que ce soit en passant, que l'agriculture et l'industrie sont saturées de fonds, puisqu'il y a surabondance en produits de toute sorte, dont le prix s'avilit de plus en plus, à défaut de débouchés proportionnels; et qu'en cet état de choses, si elles étaient tentées de contracter des emprunts à un taux plus bas, ou même sans intérêt, il s'ensuivrait sous peu une série progressive de faillites calamiteuses.

Voilà ce que la science ne paraît pas avoir encore enseigné; mais l'expérience n'a-t-elle pas enseigné du moins que l'augmentation du droit d'entrée sur les bestiaux, pour ne citer qu'un seul exemple, incapable d'exercer aucune influence sur leur prix qui baisse chaque jour, a fermé et prohibé à l'industrie française un marché de 5o millions peut-être ?

Que sais-je? disait Montaigne, et il apprenait à force; que sait-on, hélas? et on ne veut rien apprendre!

LES INTERLIGNES.

Trahit sua quemque voluptas.

On allait se lever, c'était dans cet instant, où ne faisant plus nuit, il n'est pas jour encore; dans cet instant où l'esprit ne sait trop s'il songe ou s'il pense. Tout-à-coup une idée s'élève, éclate et inonde d'un torrent de lumières.

Je l'ai trouvé, s'écriait le célèbre Archimède, courant en chemise dans les rues de Syracuse : peu s'en fallut qu'on ne se mît à en faire autant, aux risques de scandaliser les bonnes âmes de Versailles.

On le dira en toute humilité. Cette idée était bien l'effet du hasard, du hasard qui prête souvent ses faveurs au génie, rarement à l'esprit, jamais à tout autre; du hasard qu'un ciel de fer interposa entre l'homme terne et chétif, et ses conceptions les plus brillantes, comme pour mater le démon renaissant de l'orgueil, toujours acharné à l'exemple du vautour de Prométhée, à dévorer les entrailles de notre vaine espèce.

Or, accourez, grands et petits; accourez, badauds de toute sorte, et vous à longues oreilles, et vous à gueule béante, on va vous en apprendre. Vous avez lu le manifeste du *Moniteur.* Des majuscules, de l'italique, du petit-texte, vos yeux ne sont frappés d'autre chose; et pourtant ce n'est rien, rien du tout. Mais d'une ligne à l'autre, n'y a-t-il pas de l'espace, des intervalles : oui, sans doute, direz-vous : eh bien, ces interlignes sont pleines de sens, sont fortes de choses : laissez le vide des mots; il n'y a que le papier blanc qui parle, qui parle vrai.

Qu'on souffle le feu caché sous les cendres, qu'on l'allume, qu'on l'entretienne avec une liasse de ces bons des deux tiers.

Si méchamment mis à mort par Ramel.

La flamme est-elle vive et ardente ? approchez-en le manifeste et aussitôt vous verrez étinceler d'un éclat peu commun, ces interlignes qui sont écrites avec de l'encre sympathique : l'œil en est ébloui ; la lumière n'est plus sous le boisseau. Lisons.

Mais, avant faire droit, il faut un mot de préface : on ne craint pas que le lecteur s'en ennuie : à d'autres plutôt.

Il n'est que trop vrai. La France fut long-temps affectée de la fièvre chaude : il ne fallut pas moins que l'élixir *d'Hartwell* pour la sauver d'une mort imminente, ainsi qu'aurait fait l'élixir de *Valençay*, sur sa compagne d'infortune, s'il lui avait été permis d'en vider la coupe à longs traits.

La France entrait en convalescence, et ses progrès en mieux augmentaient sensiblement. On doit dire toutefois que la fièvre n'était pas tout-à-fait passée, et qu'il survenait, de temps à autre, quelques légers paroxismes : mais le printemps, le temps plus puissant encore, promettait de la rendre bientôt à l'état le plus brillant de santé.

Que diront nos deux docteurs? « Voilà une affection chronique bien caractérisée, ses ravages sont occultes et d'autant plus funestes ; le sentiment du bien-être trompe le plus souvent; il faut s'en défier; de l'espérance à la sécurité, il n'y a qu'un pas et tout serait perdu? »

« Voyons : les arts de la médecine perturbatrice sont bien connus; c'est le cas ou jamais; il ne s'agit que de dénaturer le type morbifique, de transformer la fièvre chronique en une fièvre aiguë. Pour lors les symptômes deviendront palpables au doigt et à l'œil, de sorte qu'en frappant un grand coup, on ne peut manquer d'en finir de la maladie, ou... de la malade. »

Aussitôt dit, aussitôt fait : l'opération doit réussir, car on s'y prend en deux façons. Chacun des docteurs fournit son spécifique; le premier se charge d'appliquer la septennalification, le second d'effectuer la déconsolidation. Il y aurait bien du malheur, si ces violens épispastiques ne mordaient pas et avortaient dans leurs fins.

Or ils sont maîtres experts en leurs parties res-
pectives : l'un est personne abstraite , l'autre dis-
crète personne ; l'un adonné à la théorie, l'autre
voué à la pratique : celui-là ultrà fier, parle en
toutes lettres ; celui-ci superfin, ne pense qu'en
chiffres. Que n'est-il possible de fondre ensemble
le système de Morus et le système de Law ? Les
deux docteurs n'en feraient plus qu'un.

Lequel passera le premier ? Tout vient à point
qui peut attendre, dit le proverbe : aucun d'eux
n'entendrait de cette oreille ; il faudra que tout
passe à la fois, à l'instant même. La pilule est pourtant bien forte à digérer ; eh bien, on la dorera
de son mieux : et puis le gosier royaliste ne s'é-
large-t-il pas de jour en jour, de sorte à se confondre sous peu avec le ci-devant bas-ventre, à
l'instar de certain habitant emplumé de nos
basses-cours.

Mais pourquoi disputer sur la prééminence,
quand, au contraire, la coïncidence des deux
projets est favorable à l'un comme à l'autre. Fûtes-
vous jamais au spectacle de Robertson ? S'il n'y
apparaissait à la fois qu'une figure fantasmagorique, l'illusion ne serait pas de longue durée,
l'œil en la fixant reviendrait aussitôt de son erreur :
mais qu'il en advienne deux ou trois en même
temps, et toujours de plus fort en plus fort, les
regards sont éblouis, étourdis, abasourdis ; et

se jetant de ci et de là, se dérobant pour ainsi dire, au contrôle de l'esprit, leur déception se fixe, se consolide à demeure.

Ou s'il se pouvait qu'un des spectres fût mieux jugé, fût réduit à sa juste valeur, c'est que son effet serait moins saillant, moins frappant que celui du spectre voisin, tellement que celui-ci devrait, par comparaison, exercer une influence d'autant plus forte, d'autant plus permanente : le triomphe serait de même remporté, au moins pour moitié.

Ainsi a calculé celui qui calcule le mieux. Deux machines colossales sont mises en avant, qu'il semble mouvoir seul et faire jouer du bout de son doigt. Quel grand génie ! diront aussitôt les mirmidons du parterre, accoutumés à lui porter gloire de tout, à ne porter gloire qu'à lui.

Pauvres gens ! ils ne sont pas appelés à juger des choses par la chose, ni des hommes dans l'homme même : *le plus court sera pour eux*, comme il est dit élégamment dans le *Moniteur*; d'apprécier les machines, d'après le talent renommé de l'auteur, et par contre, d'apprécier l'auteur, d'après le grandiose éclatant des machines. On voit qu'il n'y a pas là de cercle vicieux; c'est clair comme le jour.

Enfin, nous voilà en belle passe, nous, ministre dirigeant, au moins de notre personne; et

c'est beaucoup, tout peut - être, quoi qu'on die.
Ainsi posés, et fermes sur nos ergots, nous voyons
venir : s'élève-t-il quelque grosse mer, nous fi-
lons du câble; la bourrasque augmente-t-elle,
tout est prêt, nous prenons le large : et les novices
qui furent jetés dans le canot, en manière d'en-
fans perdus, pour aller à la découverte, que
vont-ils devenir? A la garde de Dieu, s'il vous
plaît.

« Oyez et voyez donc, honorables émérites des
bancs du ventre; nous vous portons foi, espérance et charité comme il s'ensuit : ce serait en
vérité bien mal à vous que d'entendre à d'autres,
que de vous laisser induire à raison, à justice :
mais enfin, enfin, si faire ne se peut, nous trai-
tons à forfait, nous faisons une cote mal taillée
en lois; nous ne sommes pas obstinés à tirer d'un
sac deux moutures.

« Seulement veuillez faire attention à nos paroles. La septennalité, c'est beau et bon, nul n'en
doute de vous ni de nous : néanmoins, nous avons
réfléchi qu'il faut sept années pour accomplir la
période septennale; et sept années, juste ciel! Il
n'y eut jamais qu'un Joseph au monde, qui ait
tenu au timon pendant ce laps de temps : s'en
est-il refait un autre? Nous ne savons trop, ma
foi; le plus sûr est de ne pas s'y fier.

Sic vos non vobis mellificatis, apes.

« Ce n'est pas pour vous que vous travaillez, diligentes abeilles. Après avoir obtenu un bail de sept ans, le fermier va être expulsé peut-être ; et il n'aura tant sué de son front que pour impatroniser un malin successeur. Tenez, nous ne faisons pas grand cas de la septennalification ; nous l'abandonnons.

« Et puis l'honneur nous reste ; c'est une douceur. Qui a tant parlé en sa faveur, qui s'est tant battu les flancs pour sa défense ? ce n'est pas nous. Pas un mot n'est sorti de notre bouche, n'est tombé de notre plume ; si bien qu'avant le discours de la Couronne, nous n'étions nullement compromis. Telle fut toujours notre entente. Si le projet réussit, bien, ce sera à notre profit ; si le projet avorte, bien, ce ne sera pas à notre perte.

« Il n'y a donc que la part dont nous sommes débiteurs, dans la façon du discours d'ouverture ; rien que d'un septième, rien de plus, soyez assez bons que de le croire. Or, supputez quel est le septième de la période septennale ; c'est tout juste un an, ce qui rentre à ravir dans le texte et dans l'esprit de la Charte. Vive donc la Charte, vive la Charte à perpétuité, dans son intégrité ; et partant, vive le premier ministre aux mêmes titres.

« Vous voilà bien à l'aise, Messieurs ; tranchez dans l'idéal, dans l'absolu ; la mode a beau dire, nous ne faisons état que du matériel, du positif :

mais pour celui-ci, honni soit qui mal y touche ;
cela passerait la raillerie.

« Revenez sur nos derrières. Vous nous avez
vu prendre le ministère des finances en place de
celui de l'intérieur, proposer des lois de finances
plutôt que de toute autre sorte, résister à la guerre
pour le bénéfice des finances, reculer le retour
de la paix en Espagne, pour l'économie des finances, et dans ce moment même, tenir forte-
ment à garder notre ministère, dans le seul intérêt des finances.

« Vous nous avez vu couver dans notre giron
maternel et réchauffer de notre douce haleine,
l'embrion délicat du crédit public, nous tour-
menter en peines et en manoeuvres, pour exhaus-
ser et rehausser le cours de la bourse ; nous pâmer
tour-à-tour de douleur et de volupté , aux phases
alternatives de baisse et de hausse, enfin, ne re-
poser jamais, ne respirer qu'à l'aide d'une potion
calmante, où, chaque jour, la dose d'agio était
augmentée de quelques centimes.

Nous fîmes tant, qu'enfin nos rentes sont au pair.

Le dirons-nous, ce superbe jour pensa être
notre jour suprême ; et les méchans citaient déjà
la grenouille de ce pauvre La Fontaine.

« Or, le pair, Messieurs, le pair ; quel grand

sens dans ce petit mot! La rente parvenant au pair, les Députés parvenus aux pairs, cela va l'un portant l'autre, voyez-vous; et votre intérêt se confond avec le nôtre. Touchez donc là. »

LE SOLILOQUE.

Risum teneatis, amici.

Voila, voilà ce que disent ces fameuses inter-lignes sous le blanc dont elles se voilent modestement. Il ne faut que des yeux un peu perçans, pour y lire comme dans son *Pater*.

Le Ministre a parlé et rentre en lui-même. Quelque foi qui soit portée aux gens, chacun garde toujours *in petto* certains secrets, n'entendant pas exposer devant eux toutes ses anxiétés. C'est le cas de se renfermer dans le for intérieur, de se livrer en silence aux méditations; et si la réflexion n'arrive qu'après l'action, au moins l'habitude s'en prend, de sorte à en tirer parti dans des temps meilleurs.

«La rente est au pair, se dit-il dans la solitude du cabinet : au pair, c'est ce que nous voulions.... Eh! qu'est-ce donc que le pair? qu'est-ce que nous voulions? le Dictionnaire n'en dit rien : cette pauvre Académie française est tant au-dessous du pair! La langue anglaise serait-elle mieux faite? Allons voir, passons le détroit. Nous devons trouver des amis de l'autre bord. Que n'avons-nous pas fait pour leur plaire, et avant, et pendant, et après la guerre d'Espagne? Bien que la peur y fût pour beaucoup, ce sont gens trop benins pour avoir l'air de s'en douter.

Est-ce ici la Cité, est-ce ici l'*Exchange ?* Bon Dieu! quelles rues étroites, quelles vilaines maisons! Mais apparemment qu'elles sont bâties de ces pierres que Cadmus jetait par dessus son épaule et qui enfantaient des légions d'hommes : il faut le croire, à voir le mouvement de cette immense population, de cette fourmillière plutôt ; et comme chacun fait chose ou autre, et le fait au mieux, au plus vite! c'est dommage qu'on ne puisse obtenir un brevet d'exportation de cet esprit national !

Voilà un courtier, sans doute. Eh! monsieur, monsieur Gentleman, quel est le cours des trois pour cent? — Sir, parlez-vous des consolidés? — Est-ce qu'il y en a d'autres, mon ami? — Sir, le cours est à 95 en compte. — En compte, en compte; c'est fin courant, qu'il veut dire. Comment, monsieur, le cours est à 95? plus de 50 pour cent au-dessus du pair? — Dear sir, vous vous trompez. Ils ne sont pas au pair : le pair est à 100 francs. — Vous m'en donnez à garder, monsieur; trois multipliés par vingt ne font jamais que soixante : le pair est à 60 fr. pour vos fonds, comme à 100 fr. pour les nôtres. — God damm! sir, comment l'entendez-vous? L'intérêt de nos fonds est à trois pour cent, et le cours de 100 fr. est le pair. —

Ah ! ah ! j'entends, j'entends enfin..... Quel pair, que le pair d'outre-mer ! il y a donc pair et pair ; il y a le pair au *minimum* et le pair au *maximum*. Le nôtre est au denier vingt, le leur au denier trente-trois un tiers ; et 100 fr. est également le pair de nos cinq pour cent et leurs trois pour cent.

Mais cela est-il juste ? pas du tout, ma foi. Comment ! il n'y a qu'un bras de mer, et que serait-ce donc au-delà du grand Océan, en Amérique, à la Chine, par exemple ? Allons vite, des chevaux, un paquebot : nous aviserons à cela dans notre cabinet. Bien fin, plus que fin, celui qui nous en apprendrait désormais !

Nous voilà de retour. Huissier, vite, huissier, faites entrer messieurs les banquiers ; royalistes ou libéraux, étrangers ou français, il n'importe : c'est une affaire d'or.........

« Messieurs, vous saurez donc comme quoi je veux me défaire de ce maudit pair de 100 fr. pour 5 fr. de rente, qui me répugne autant que je l'avais convoité ; vous saurez comme quoi j'entends, qu'a dater d'aujourd'hui même, le pair de la rente soit, et reste fixé à toujours, au denier trente-trois un tiers, à raison de 100 fr. pour 3 fr. de rente, par-tant, à 166 fr. pour 5 fr. de rente : tel est mon bon plaisir, je le veux et l'entends. Remuez-vous donc, vous n'y perdrez ni votre temps ni votre peine. »

Telle fut l'allocution ; et là-dessus il s'établit un

colloque entre les hautes parties contractantes, où il fut arrêté, *Primò*, que cette rente perpétuelle à cinq pour cent, accoutumée de longue main à s'imaginer être au pair à 100 fr., serait radicalement remboursée, et par suite raturée du Grand-Livre, comme étant inepte aux glorieuses destinées dont l'aurore se levait déjà sur la Bourse de Paris ; *Secundò*, que le remboursement s'opérerait, soit par le paiement effectif du capital de la rente, au ci-devant pair de 100 fr., soit par la conversion des inscriptions cinq pour cent, en inscriptions trois pour cent procomptées au cours de 75 fr. ; *Tertiò*, qu'il serait octroyé, tant aux créanciers convertis, qu'aux banquiers chargés de liquider les réfractaires, l'intérêt de quatre pour cent du capital de leurs rentes ou du montant de leurs versemens ; *Quartò*, que l'emprunt ainsi contracté et consenti par les uns et les autres, bien que n'étant effectué qu'au denier vingt cinq, serait réputé avoir été conclu au denier trente-trois un tiers, ensorte que, pour 100,000 fr. échangés ou versés, il serait délivré une inscription de 133,333 fr., les centimes en sus.

Prenons quelque repos : le front est inondé de sueur, à rédiger un tel traité. Ne serait-on pas tenté de dire, à l'imitation de ces génies ambulans, qui hantent d'ordinaire les rives du quai de la Féraille, *partez, muscade, vous reviendrez cannelle;* partez cent mille francs, vous reviendrez cent trente-trois mille trois cent trente-trois francs: bon voyage; au moins les épices sont bien payées.

Que doit-il résulter de tout cet imbroglio ? le voici en deux mots; ou du moins c'est le compte du faiseur, sauf pourtant que le quart-d'heure de Rabelais ne vienne le dégriser bientôt.

Vous le voyez : l'argent ne vaut sou, tant il abonde et pullule de toutes parts ; ce n'est pas de sa faute, si la rente reste comme en paralysie, devers le cours de 100 francs : à l'impossible nul n'est tenu. La loi y a mis son *veto*.

Le pair était fixé et reconnu à 100 francs, pour 5 francs de rente; et l'argent, esclave servile, comme chacun sait, ne pouvait franchir cette barrière inexpugnable. Rien qu'un chiffon de papier apposé sur la borne, où se voyait gravé en gros caractères le mot LOI, remplissait, dans un sens inverse, l'office de ces amulettes, qui servent au pays de Congo à repousser les mauvais sorts. Bien fou qui n'aurait pas jeté ses écus au fond d'un puits, plutôt que de les colloquer dans la rente, au-dessus du pair légal !

Nous avons changé tout cela, disait certain docteur de l'école de Molière. Et nous aussi, nous changerons tout cela, s'écrient nos hommes d'Etat, mus par l'exemple du faiseur de fagots.

Cette amulette qui écartait, qui rejetait l'argent, il nous faut la transformer en un aimant qui l'attire et l'absorbe. Tel qu'il était fixé par l'ancienne loi, par la longue routine, le pair au denier 20 ravalait la vente aux environs de 100 fr., à n'y pouvoir rien. Or, de notre pleine science et puissance, nous allons établir le pair au denier 33 1/3, afin d'exalter le cours jusqu'au taux de 100 fr. pour 3 fr., ou 166 fr. pour 5 fr.

Ce pauvre argent va nager enfin à l'aise, dégagé de toutes entraves, aux eaux salutaires de l'agiotage. Nous ne lui donnons pas au-delà de quarante jours, justement le délai qu'accordoit Jonas aux habitans de Ninive, avant qu'il ne se soit élevé au niveau de nos prévisions, avant qu'il n'ait soulevé la nouvelle rente trois pour cent, au nouveau pair de cent francs.

Peste! où prend leur esprit toutes ces gentillesses?

Où, au plus creux du cerveau, aux durs rêves de la vanité, aux brumes trop épaisses du Pas-de-Calais. Que faut-il en dire? rien; c'est bien assez que de le dire.

Comment se fait-il que Toricelli n'ait pas imaginé aussi de donner trente pieds de longueur, au lieu de trente pouces, au tube de ses baromètres? *Ipso facto*, il est clair que l'argent vif se serait mis à la hausse, et démarrant du pair atmosphérique de 28 pouces, aurait monté soudainement au pair géométrique de 28 pieds, ou à peu près.

Peut-être ne sera-t-il pas nécessaire de ressusciter le Panthéon du faubourg Saint-Jacques, et de
rétablir sur son fronton l'ancienne inscription :
Aux grands hommes, la Patrie reconnaissante.
Mais certes, il y a lieu, si jamais, à faire frapper
en leur honneur, sous ce balancier de la Monnaie, où ont déjà passé tant de noms frauduleux,
une médaille du plus grand module, et s'il vous
plaît en airain, car l'or n'est plus de goût.

Or, voici l'endroit de la médaille, le fisc opère
une épargne de 30 millions par an ; le revers,
l'Etat s'obère d'un surplus de dette d'un milliard.

Encore un endroit, le pair des trois pour cent
se fixe et se consolide à 100 francs, au denier
33 1/3. Encore un revers : la rente se déclasse,
et tombe au-dessous du denier 20.

Item, l'épargne est appliquée à l'indemnité des
émigrés ; *item* aussi, les émigrés refusent la dé-
pouille des rentiers.

Ibid., le ministère reste collé, cloué sur ses
siéges pour sept ans et plus ; *ibid.*

Je n'ai fait que passer, il n'était déjà plus.

Restons-en là ; voilà le problème à résoudre :
Le projet est à prendre, ou le ministère à laisser.
Faites votre choix : on s'en lave les mains. Que
tous ceux qui les ont sales, en fassent autant ! Eh !
prenez garde ; la Seine est bientôt à sec.

EXTRAITS DU MONITEUR,

26 mars 1824.

Le Gouvernement a un motif de plus pour adopter promptement quelque mesure analogue relativement à la dette publique. Il est notoire que si une telle mesure n'eût pas été attendue, même avant que le discours du trône l'eût formellement annoncée, le cours des rentes, qui s'est élevé un moment jusqu'à 104 fr., serait aujourd'hui au moins à 108 fr., et ne s'arrêterait pas à ce taux. On voit alors que cette progression au-delà du pair rendrait de plus en plus onéreuse l'institution salutaire de l'amortissement, puisqu'il faudrait racheter chaque jour des 5 pour 100 à un prix plus élevé que le capital même de la dette qu'on se proposerait d'éteindre. D'une part, les effets de l'amortissement en seroient ralentis, puisque, avec une somme donnée, on rachèterait une moindre quantité de rentes; d'un autre côté, cet excédant de prix serait d'autant plus regrettable, que jamais l'Etat n'a reçu intégralement le capital de *cent pour cinq*, dont il se reconnaît débiteur.

. . . .

Mais, dira-t-on, puisque l'amortissement est devenu trop onéreux, le Gouvernement ne ferait-il pas mieux de le suspendre ou de le supprimer? Que l'on raye du grand-livre les 33 millions de rentes que la caisse d'amortissement a déjà rachetés; qu'on retranche du budget les 40 millions de dotation qu'on fait à cette caisse, et l'on aura spontanément une réduction de 75 millions dans les charges annuelles de l'Etat.

. . . .

Une pareille idée peut avoir quelque chose de spécieux dans sa simplicité ; mais elle ne soutient pas l'examen. D'abord, la plupart des emprunts du Gouvernement ont été contractés sous l'empire d'une législation qui consacre l'amortissement annuel. C'est une des circonstances sur lesquelles les prêteurs ont assis leurs calculs, et il y aurait déception pour eux, si l'on changeait aujourd'hui de système. En second lieu, les rachats journaliers servent à recueillir sur le marché les portions de rentes dont les détenteurs sont le plus pressés de vendre, et si ce débouché certain ne leur était pas ouvert, il pourrait en advenir de temps en temps une baisse inattendue et dangereuse. Enfin l'amortissement n'a pas seulement été institué en vue de son effet journalier, qui est de soutenir le cours des rentes, il l'a été encore dans un but plus important, quoique plus éloigné, celui d'éteindre finalement toute la dette mobile, par la puisance de l'intérêt composé.

. . . .

Il faut bien se garder de toucher à l'institution de la caisse d'amortissement. C'est la sauve-garde sous laquelle ont été mis tous les emprunts contractés depuis 1814 ; c'est le seul moyen d'arriver un jour à la libération du Gouvernement, enfin c'est la pierre fondamentale du crédit public. Il n'est personne qui puisse prédire ce qui arriverait, si cette institution était détruite ou seulement ébranlée. C'est évidemment sur elle que repose aujourd'hui

et que reposera long-temps tout l'édifice de notre prospérité financière.

. . . .

Mais, a-t-on dit, le remboursement des rentes ins-
crites *n'est pas légal.* Il n'a pas été stipulé dans le contrat
passé entre le Gouvernement et les prêteurs. Ceux-ci ont
fourni des capitaux variables, suivant le prix du marché,
et en échange ils ont reçu des rentes fixes, exemptes de
toute variation ou réduction. Ils n'ont été inscrits au
grand-livre que pour *des rentes perpétuelles,* mais non
pour *des capitaux.* Enfin, il est de notoriété publique
qu'au moment des emprunts, ni le Gouvernement, ni
les capitalistes n'ont songé que les rentes alors créées seraient un jour remboursées.

Une ligne du Code civil réfute toutes ces objections.
L'art. 1911 porte : *La rente constituée* EN PERPÉTUEL
est essentiellement rachetable. Il est donc inutile que la
faculté du remboursement ait été implicitement prévue à
l'époque des emprunts, ou explicitement stipulée dans
chaque contrat ; elle est écrite pour tous dans le texte de
la loi.

. . . .

Quelques voix s'élèvent en faveur des créanciers anté-
rieurs à la révolution, et qui ont subi la perte *des deux
tiers.* D'abord nous ferons remarquer incidemment que
cette réduction *au tiers consolidé* (à part le mode illusoire des paiemens) a été présentée comme un remboursement partiel de la dette publique ; ce qui prouve que
l'Etat était dès-lors réputé *avoir le droit de rembourser
cette dette.*

. . . .

Mais au lieu de changer de créanciers, au lieu d'ouvrir à quelques spéculateurs de nouvelles chances de bénéfices, il sera plus simple et en même temps plus avantageux pour les détenteurs actuels de la rente inscrite, que l'Etat convienne directement avec ceux-ci de la rénovation de leurs titres, s'ils consentent à la réduction d'intérêts qu'il obtiendrait en les remboursant. On doit donc penser que le Gouvernement offrira toujours à chaque créancier l'alternative d'un remboursement du capital nominal, ou d'une simple réduction des intérêts.

. . . .

On croit qu'il se propose de fixer immédiatement *a trois pour cent* le taux nominal des intérêts, sauf à n'exiger que 75 fr. pour chaque 100 fr. de capital inscrit dans ces nouveaux fonds. Il est clair que 3 fr. d'intérêts sur 75 fr. sont la même chose que 4 fr. d'intérêts sur 100 fr. Mais les créanciers y trouveront cet avantage, que l'Etat se reconnaîtra débiteur envers eux *d'un tiers en sus* du capital par eux fourni. Soit, par exemple, le titulaire actuel d'une inscription de 5000 fr. de rentes 5 pour 100 ; on lui offrira l'option de recevoir en espèces la somme de 100,000 fr. ou bien une nouvelle inscription de 4000 fr. de rentes, au capital de 133,333 fr. 33 cent., dans les 5 pour 100.

. . . .

Cette combinaison aura encore pour les créanciers actuels un autre avantage : elle leur ouvrira la chance d'un bénéfice prochain sur la revente de leurs nouvelles inscriptions : celles-ci ne leur reviendront qu'à 75 pour 100 et il est probable qu'elles ne tarderont pas à s'élever au-dessus de ce taux.

L'opération projetée est donc légale et même généreuse pour les créanciers, en même temps qu'elle est économique pour l'Etat, c'est-à-dire pour les contribuables.

Mais d'autres considérations la recommandent encore à la reconnaissance des hommes de toutes les classes. Le haut intérêt que paie le Gouvernement influe d'une manière fâcheuse sur le taux des emprunts entre particuliers : il en résulte que les capitaux affluent dans les fonds publics, tandis que l'agriculture et l'industrie les appellent en vain, ou ne les obtiennent qu'à des conditions trop onéreuses. Cet état de choses fera place à une distribution plus salutaire des capitaux, dès que les placemens sur l'Etat produiront un intérêt moins élevé. Le taux inscrit de *trois pour cent*, qui d'abord ne va être que nominal, deviendra progressivement le taux réel à mesure que le cours des nouvelles rentes approchera du pair.

PARIS, DE L'IMPRIMERIE D'A. ÉGRON,
rue des Noyers, n° 37.

www.ingramcontent.com/pod-product-compliance
Ingram Content Group UK Ltd.
Pitfield, Milton Keynes, MK11 3LW, UK
UKHW022126070726
13613UKWH00003B/1260